EDICT DV ROY,

SVR LA PAIX QV'IL A pleu à sa Majesté donner à ses subjets de la Religion pretenduë reformee.

Publié en Parlement le sixiesme Auril mil six cens vingt-six.

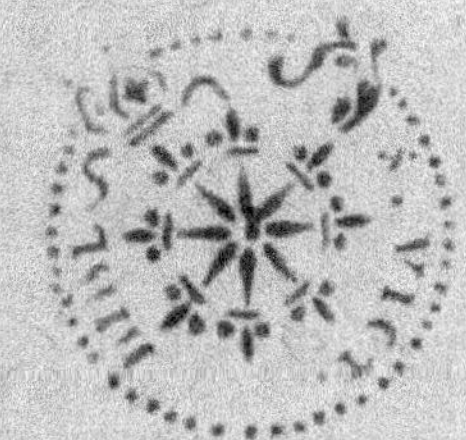

A PARIS,

Chez C. MOREL, P. METTAYER, &
A. ESTIENE, Imprimeurs &
Libraires ordinaires du Roy.

M. DC XXVI.

Auec Priuilege de sa Maiesté.

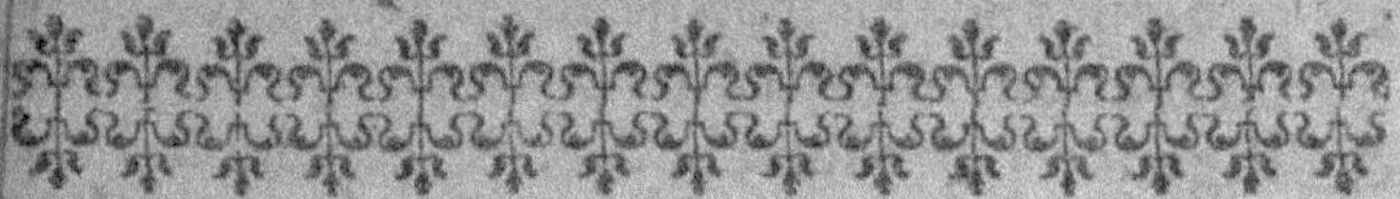

OVIS par la grace de Dieu, Roy de France & de Nauarre, A tous presens & à venir, Salut. Comme l'auctorité souueraine ne reluist pas moins dans les actions de grace & de clemence, que dans celles des armes & de la Iustice, & que sçauoir vaincre & pardonner soit la plus haute marque de grandeur: Aussi doit-on estimer le Prince digne d'honneur & de gloire, lequel ayant donné cours à ses armes sur ceux qui les auoient iustement attirees, & apres les auoir soubsmis & rangez en leur deuoir, se contente d'exercer en leur endroit sa clemence, & d'en faire recueillir les fruicts au public par le restablissement de la paix, qui faict que Dieu est seruy & inuoqué en tous lieux, que l'auctorité Royale est reueree & recogneuë de tous, que les Loix sont religieusement obseruees, le peuple soulagé, & que le corps de l'Estat vnissant ses forces ensemble, est plus puissant pour sa conseruation, & pour prester secours & protection à ses alliez. Ces considerations que nous auons tousiours euës deuant les yeux, Nous ont donné subiect d'apporter autant de moderation pour assoupir & esteindre les mouuemens qui ont agité diuerses fois ce Royaume, vsant de grace à l'endroit de ceux qui

s'y estoient inconsiderément precipitez, comme nous auons monstré de vigueur, de fermeté
& diligence pour les chastier & reprimer lors
que nous y auons esté obligez. Quant aux affaires presentes nostre conduitte a esté telle ayant
employé les menaces & le chastiment aux lieux
qui ouuertement se sont declarez dans la deso-
beissance : & la douceur, patience & remon-
strance aux autres qui se sont contenus en deuoir, que nous auons retenu l'esclat du trouble
dont cet Estat estoit menacé par vne guerre in-
testine, & conserué la meilleure & plus grande
partie de nos subiets de la Religion pretenduë
Reformee en la fidelité & obeissance qu'ils nous
doiuent: Lesquels auroient aussi clairement veu
& cogneu que nostre intention a tousiours esté,
comme elle est encores, de les maintenir en paix,
concorde & tranquillité, & les faire iouir inuiolablement des graces à eux concedees par
nos Edicts & Declarations. Ce que ceux qui ont
leué les armes & les villes qui les ont suiuy ayát
depuis peu bien consideré, & recogneu la qualité de leur faute, l'indignation publique, la rui-
ne & le iuste chastiment qu'ils attiroient sur
eux, continuans de troubler le repos de cet
Estat : ils auroient eu recours à nostre bonté,
comme à l'vnique refuge de leur salut, & nous
auroient par leurs deputez faict supplier diuerses fois auec toutes les submissions que des subjets peuuent rendre à leur Roy, de leur pardonner & mettre en oubly les choses passees & leur
vouloir donner la paix: Surquoy Nous inclinans

pluftoft à la grace & clemence qu'à la ruyne &
defolation de nos propres fubiets : Ayans auffi
efgard aux fupplications tres-humbles qui nous
ont efté faictes au nom de ceux de la Religion
pretenduë Reformée qui font demeurez en leur
deuoir, à ce qu'il nous pleuft receuoir les fub-
miffions des autres, leur pardonner en leur con-
fideration, & les reünir tous en paix & concorde fous l'obeyffance qu'ils nous doiuent , Nous
proteftant & affeurant qu'ils ne s'en departiront
iamais pour quelque caufe, pretexte ou occa-
fion que ce foit. SÇAVOIR FAISONS que
Nous pour ces caufes, & autres grandes & im-
portantes confiderations à ce nous mouuans,
De l'aduis de la Royne noftre tres-honorée Da-
me & Mere, des Princes de noftre fang , autres
Princes, Ducs, Pairs & Officiers de noftre Cou-
ronne , principaux Seigneurs & notables per-
fonnages de noftre Confeil eftans prés de nous,
Nous auons dit & declaré , difons & declarons
par ces prefentes fignees de noftre main , Voulons & nous plaift ,

PREMIER.

Que l'Edict de Nantes , Declarations & Articles fecrets, publiez & enregiftrez en nos Cours
de Parlement, feront inuiolablement gardez &
obferuez , pour en iouyr par nos fubiets de la
Religion pretendue Reformee , comme ils ont
bien & deuëment faict du temps du feu Roy noftre tres-honoré Seigneur & pere que Dieu
abfolue, & depuis noftre aduenement à la Cou-
ronne auparauant ces derniers mouuemens.

II.

Que la Religion Catholique, Apostolique &
Romaine, sera remise & restablie en tous les
lieux & endroits de nostre Royaume & pays de
nostre obeïssance où elle a esté intermise durant
ces derniers mouuemens, pour y estre pleinement, paisiblement & librement exercee. De-
fendons tres-expressément à toutes personnes
de quelque qualité & condition qu'elles soient,
sur peine d'estre punis comme infracteurs de
paix & perturbateurs du repos public, de ne
troubler, molester, ny inquieter les Ecclesiastiques en la celebration du seruice diuin Diuin &
autres fonctions de la Religion Catholique,
iouïssance & perception des dixmes, fruicts &
reuenus de leurs Benefices, & tous autres droicts
& deuoirs qui leur appartiennent : Et que
tous ceux qui durant lesdits derniers mouuemens se sont emparez des biens & reuenus des
Eglises appartenans aux Ecclesiastiques, leur en
laissent l'entiere possession, libre & paisible
iouïssance, conformément au troisiesme article
de l'Edict de Nantes, & leur restituent les biens
pris qui se trouueront en nature.

III.

Que l'exercice de la Religion pretendue reformee soit restably aux lieux où il estoit estably
suiuant nosdits Edicts & Declaration en l'annee
mil six cens vingt : Et seront nos subiets de ladite Religion pretendue reformee remis esdits
lieux, comme aussi en leurs Cimetieres, aux endroits qui leur ont esté accordez, ou autres, tels

que les Commiſſaires qui ſeront par Nous deputez ou Officiers des villes iugeront plus conue-
nables. Et où il arriueroit pour cauſe importan-
te que les Cimetieres ne pourroient pas eſtre re-
ſtablis és lieux qu'ils poſſedoient en l'annee mil
ſix cens vingt, il leur en ſera donné d'autres
commodes aux deſpens de ceux qui demande-
ront ledit changement.

IV.

Et pour rendre teſmoignage au publicq de la
conſideration en laquelle nous tenons ceux de
nos ſubjets de la Religion pretendue reformee,
qui ſont demeurez en la fidelité & obeiſſance
qu'ils nous doiuent, & des preuues recomman-
dables qu'aucuns d'entre eux nous en ont ren-
dues aux emplois que nous leur auons donnez
en nos armees, tant dedans que dehors noſtre
Royaume, Nous auons à leur tres-humble ſup-
plication, ayans auſſi eſgard aux ſubmiſſions
qui nous ont eſté faites par les autres qui ſe ſont
eſloignez de leur deuoir, Et de noſtre grace ſpe-
ciale, pleine puiſſance & auctorité Royale,
Quitté, remis, pardonné, Quittons, remet-
tons, & pardonnons par ceſdites preſentes, toutes leuees d'armes, entrepriſes & actes d'hoſtili-
té commis par noſdits ſubiets de la Religion
pretendue reformee, de quelque eſtat, qualité
& condition qu'ils ſoient, enſemble par les Villes qui les ont ſuiuy, & habitans d'icelles, tant
par mer que par terre, depuis le premier iour de
Ianuier de l'annee derniere mil ſix cens vingt-
cinq, & precedens mouuemens, iuſques au iour

de la publication des presentes, en ce compris ce qui pourroit estre arriué dans l'interuale de la signature de la Declaration du vingtiesme Octobre mil six cens vingt-deux, & la publication d'icelle en nos Cours de Parlement, dont ils demeureront pleinement & perpetuellement deschargez, Ensemble de toutes assemblees generales & prouinciales, cercles, abbregez, sousleuemens, esmotions populaires, excez, violences, infractions de sauuegarde, & de toutes autres choses generalement quelsconques contenuës és articles 76. & 77. dudit Edict de Nantes, encores qu'elles ne soient pas icy particulierement declarees & exprimees, sans qu'ores & à l'aduenir ils en puissent estre aucunement recherchez, poursuiuis ny inquietez, fors & excepté les cas reseruez, tels qu'ils sont specifiez & declarez par les articles 86. & 87. dudit Edict de Nantes, dont pourra estre fait recherche pardeuant les Iuges ausquels la cognoissance en appartient.

V.

Et pour le regard des deniers qui ont esté imposez, leuez & pris sur nos subiets ou nos receptes, maniemens & administration d'iceux, & descharges des Comptables, ensemble ce qui concerne les debtes creées par les Communautez de part & d'autre, & non payees, Les articles 74. 75. 78. & 79. de l'Edict de Nantes seront gardez & obseruez.

VI.

Ce faisant tous les Sieges de Iustices, Bureaux de Receptes & Officiers de Finances qui

pourroient

pourroient auoir esté transferez à l'occasion
des presens mouuemens, depuis le mois de
Ianuier de l'année derniere, & notamment le
tablier de l'Eslection de la Rochelle, seront
restablis en l'estat qu'ils estoient. Les Villes
qui sont tenuës par nos subjets de ladite Religion pretenduë reformée, iouyront des mesmes priuileges, immunitez, franchises, foires,
& marchez qu'elles faisoient auparauant. L'é-
lection des Consuls y sera faicte en la forme ac-
coustumée, & en cas d'appel il sera releué en
nos Chambres de l Edict.

V I I.

Voulons pareillement que nosdits subjets de
la Religion pretenduë reformée, soyent entie-
rement deschargez des Iugemens, Sentences,
& Arrests donnez contre eux à l'occasion des
presens mouuemens, suiuant les Articles cin-
quante-huict, cinquante-neuf, & soixante dudit Edict, imposans sur le tout silence perpe-
tuel à nos Procureurs generaux, leurs Substituts, & tous autres qui y pourroient pretendre
interest.

V I I I.

Ordonnons que tous prisonniers de guerre
detenus de part & d'autre, qui n'auront payé
rançon, seront deliurez & mis en pleine liberté sans en payer aucunes: declarans toutes pro-
messes faictes & causées pour rançon, qui n'auront esté acquittées au iour & datte des presentes, nulles & de nul effect, sans toutesfois que
l'on puisse pretendre que les rançons desia

B

payées puissent estre repetées : comme aussi ceux de nosdits subjers de ladite Religion pretenduë reformée, saisis par auctorité de Iustice, detenus en nos prisons ou en nos Galeres, à l'occasion des derniers & precedens mouuemens, mesmes ceux qui furent pris à l'entreprise du port Louys, seront élargis & mis en liberté aussi tost apres la publication des presentes, sans aucune remise, delay ny retardement.

IX.

Entendons pareillement que l'Article vingt-septiesme dudit Edict de Nantes, concernant l'admission & reception de nos subjets de ladite Religion pretenduë reformée, aux charges & offices, soit gardé & obserué, & que tous ceux de ladite Religion, de quelque qualité & condition qu'ils soyent, qui pourroient auoir esté destituez & priuez à l'occasion des presens mouuemens de leurs charges, offices, dignitez, maisons & habitations depuis le premier iour de Ianuier mil six cens vingt-cinq, y soyent remis & restablis. Comme aussi en tous leurs biens, noms, debtes, raisons, & actions, saisis tant durant les precedens, que les derniers mouuemens; Nonobstant toutes prouisions d'offices, dons, confiscations, represailles, payemens, & quittances : Permettans aux creanciers de faire executer leurs contracts & obligations pour le sort principal, nonobstant tous Iugemens & Arrests, sinon qu'il fut interuenu Arrest disinitif contradictoire pour

ce regard en noſtre Conſeil, ou en nos Chambres de l'Edict, ou que les particuliers en ayent
eſté rembourſez d'ailleurs.

X.

Voulons nos preſentes Lettres de Declaration eſtre gardées & obſeruées par tous nos
ſubiects, ſuiuant & en la forme preſcritte
par l'Article quatre vingt deux dudit Edict de
Nantes, & ſeront Commiſſaires par Nous deputez où beſoin ſera, pour faire executer le
contenu en icelles.

XI.

A la charge que noſdits ſubiects, faiſant
profeſſion de ladite Religion pretenduë reformée, ne pourront à l'aduenir tenir aucunes aſſemblées generales, ny particulieres,
cercles, conſeils, abregez, & toutes autres de
quelque qualité & condition qu'elles puiſſent
eſtre, s'ils n'en ont expreſſe permiſſion par
lettres, ou breuet ſigné de Nous, & contreſigné
de l'vn de nos Secretaires d'Eſtat: Et qu'ils ſe
departiront de toutes prattiques, intelligences,
vnions, & aſſociations. Leur ſont neantmoins
permiſes les aſſemblées de conſiſtoires, colloques & ſynodes pour pures affaires concernans
les reglemens de la diſcipline de ladite Religion pretenduë reformée, conformement à
nos Lettres de Declaration du dix ſeptiéme
iour d'Auril mil ſix cens vingt-trois, expediées
ſur la tenuë des colloques & ſynodes, auec in-
hibitions tres expreſſes d'y traicter d'aucunes
affaires politiques: Qu'ils ne pourront faire à

B ij

l'aduenir aucunes fortifications de quelque qualité qu'elles soyent dans nos Villes , sans nostre expresse permission , portée par nos Lettres patentes : Qu'ils ne pourront leuer aucuns deniers sur nos subiects , pour quelque cause & occasion que ce soit , sans commission emanée de nostre grand seau : Le tout sur peine de crime de leze Majesté , & de décheoir de nostre presente grace.

XII.

Entendons aussi que les Articles par Nous arrestez, pour ce qui concerne la Ville de la Rochelle , Isles & païs d'Aulnis , soyent gardez, obseruez , & executez incontinent & sans delay , & que les Villes & Chasteaux qui se trouueront auoir esté pris par ceux de ladite Religion pretenduë reformée depuis les presens mouuemens , soyent remis en nostre obeïssance dans quinze iours apres la publication des presentes . Declarans ceux de nosdits subiets de ladite Religion pretenduë reformée , qui feront difficulté de se sousmettre à ceste nostre volonté, descheus & priuez à leur esgard du benefice de ceste nostre presente grace.

Si donnons en mandement à nos amez & feaux les gens tenans nos Cours de Parlements, & Chambres de l'Edict, Chambres de nos Comptes, Cours de nos Aydes, Baillifs, Seneschaux, ou leurs Lieutenans, & à tous autres nos Iusticiers & Officiers qu'il appartiendra, que ces Presentes ils facent lire,

publier, & enregiftrer, chacun endroict foy,
& le contenu en icelles garder & obferuer inuiolablement, fuiuant fa forme & teneur, fans
y contreuenir, ny fouffrir y eftre contreuenu
en aucune maniere. Enioignant à nos Procureurs generaux, ou leurs Subftituts, de faire
pour cét effect toutes inftances, pourfuittes,
& requifitions neceffaires: Nonobftant tous
Arrefts, Lettres, & autres chofes à ce côtraires,
Aufquelles & aux derogatoires des derogatoires y contenuës, nous auons dérogé & déro-
geons par cefdites Prefentes: CAR tel eft noftre
plaifir. Et afin que ce foit chofe ferme & ftable
à toufiours, nous auons fait mettre noftre feel
à icelles. DONNE' à Paris au mois de Mars
l'an de grace mil fix cens vingt-fix, Et de noftre
regne le feiziefme. Signé, LOVIS. Et plus
bas, Par le Roy, DE LOMENIE. Et à cofté,
VISA. Et feellé du grand feau de cire verte,
fur lacs de foye rouge & verte.

*Leuës, publiées & regiftrées, ouy & ce reque-
rant le Procureur general du Roy, pour eftre
executées, gardées & obferuées felon leur forme
& teneur, aux charges portées par l'Arreft du
troifiefme de ce mois: Et que coppies collationnées
aux originaux defdites Lettres, feront enuoyées
aux Bailliages & Senefchauffées de ce reffort, pour
y eftre pareillement leuës, publiées, & regiftrées
à la diligence des Subftituts dudit Procureur general, aufquels enioinct certifier la Cour auoir ce*

faict au mois. A Paris en Parlement, le Lun-
dy sixiesme iour d'Auril mil six cens vingt-six.

Signé, **DV TILLET.**

EXTRAICT DES REGI-
stres de Parlement.

Ev par la Cour, toutes les
Chambres assemblées, les
Lettres Patentes en forme
d'Edict, données à Paris
au mois de Mars, mil six
cents vingt-six, Signées,
Lovis. Et plus bas, Par
le Roy, De Lomenie. Et seellées en lacs
de soye du grand sceau de cire verte, Par les-
quelles & pour les causes y contenuës, ledit Seigneur veut & ordonne que l'Edict de Nantes,
Declarations & Articles secrets publiez & en-
registrez en ses Cours de Parlements, soient
gardez & obseruez: Que la Religion Catholique, Apostolique & Romaine soit remise &
restablie en tous les lieux & endroicts de son
Royaume où elle a esté intermise durant les
derniers mouuements, pour y estre librement
exercée, auec defenses de troubler, ny inquieter les Ecclesiastiques en la celebration du ser-

uice Diuin & autres fonctions de la Religion
Catholique: Que la Religion Pretenduë Reformée soit pareillement restablie, suiuant les
Edicts & Declarations de mil six cents vingt,
Quittant, Remettant & Pardonnant à ceux qui
en font profession, tout ce qui s'est fait & pas-
sé pendant lesdits mouuements, comme il est
plus au long porté par lesdites Lettres: Re-
questes des Maires & Escheuins de la ville
d'Orleans, de François Godefroy, Gabriel Hu-
rault & consors, Marchands de laditte Ville, &
des habitans Catholiques de la ville de Mont-
pellier & lieux circonuoisins, Prelats, Ecclesiastiques, Gentilshommes & autres, & Iean Cas-
seirol, leur Sindicq, afin d'estre receus oppo-
sants à la verification dudit Edict. Conclusions
du Procureur General du Roy, & tout consideré, LADITE Cour a ordonné & ordonne que lesdites Lettres en forme d'Edict, seront leuës, publiées & registrées au Greffe d'i-
celle, pour estre executées, gardées & obser-
uées selon leur forme & teneur: A la charge
neantmoins qu'en execution du neufiéme Article, les sommes payées en vertu des dons, confiscations, represailles ou autrement, ne pourront estre repetées, ains demeureront à ceux
qui les ont receuës: Sauf ausdits habitants dudit païs, à eux pouruoir sur leur opposition au
Parlement de Thoulouse, & ausdits habitants
d'Orleans faire executer l'Arrest par eux obte-
nu au Conseil Priué du Roy, le vingt-deuxié-
me Nouembre mil six cents vingt-cinq. Or-

donne que coppies collationnées desdites Lettres, seront enuoyées aux Bailliages & Senes-
chauffées, pour y estre pareillement leuës, publiées & registrées à la diligence des Substituts
du Procureur General du Roy, qui certifieront
la Cour de leurs diligences au mois. FAIT en
Parlement le troisiéme iour d'Auril, mil six
cents vingt-six.

Signé,   DV TILLET.

www.ingramcontent.com/pod-product-compliance
Lightning Source LLC
LaVergne TN
LVHW010224060726
842527LV00007B/2605